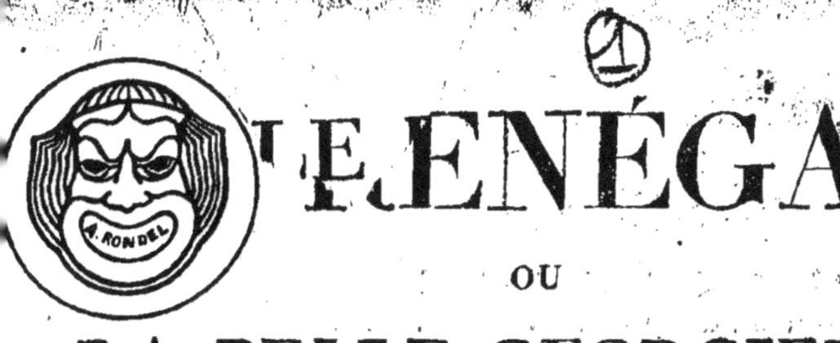

LE RENÉGAT,

OU

LA BELLE GEORGIENNE,

PANTOMIME CHEVALERESQUE

EN TROIS ACTES ET A GRAND SPECTACLE,

Tirée de la vieille Chronique des Croisades,

PAR J.-A.-G. CUVELIER;

Musique composée et arrangée par M. ALEXANDRE;

Ballet de M. MORAND; Costumes et Décors de M. ISIDORE.

Représentée, pour la première fois, à Paris, sur le Théâtre du Cirque Olympique, le 25 Novembre 1812,

Et reprise pour l'Ouverture de la nouvelle Salle de MM. FRANCONI, le 8 Février 1817.

NOUVELLE ÉDITION, CORRIGÉE.

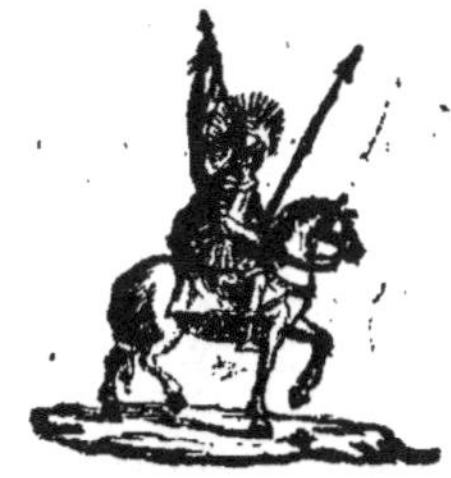

A PARIS,
Chez BARBA, Libraire, Palais-Royal, derrière le Théâtre Français, n°. 51.

De l'Imprimerie de HOCQUET, rue du Faubourg Montmartre, n°. 4.

1817.

PERSONNAGES.	JRS.
CONRAD, marquis de Montferrat, roi de Jérusalem	M. *Bassin.*
SALADIN, soudan d'Egypte.	M. *Bunel.*
Le Grand Maître des Templiers. . . .	M. *Delahaye.*
HUMFREY, chevalier Templier et Renégat.	M. *Franconi jeune.*
St.-AMAND, chevalier Templier français.	M. *Franconi aîné.*
SOLEIM, frère de Saladin, âgé de 18 ans.	M. *Amable.*
AROUN, émir d'Accon	M. *Justin.*
Un Commandeur des Chevaliers Teutons.	M. *Charles.*
MISOUF, chef des Eunuques blancs. .	M. *Melcourt.*
ALLABECK, chef des Eunuques noirs. .	M. *Ahn.*
RENAUD, jeune templier profès. . . .	Mlle. *Céleste.*
Un Arabe de la Tribu des Assassins. .	M. *Ferrin.*
Deux Eunuques noirs et muets	MM. *Dumouchel.* *Mangelaire.*
Barons et Comtes croisés.	
Officiers Sarrasins.	
ALDINA, jeune et belle Géorgienne. . .	Mme. *Franconi jeu.*
Deux vieilles esclaves Ethiopiennes.. .	Mlles *Fanchonnette* *Tigée.*
Odalisques du sérail.	
Dames européennes de la suite du roi de Jérusalem.	
Chevaliers templiers, Soldats du Roi, soldats du Sultan.	

La scène se passe en Palestine en 1191.

LE RENEGAT,

OU

LA BELLE GÉORGIENNE,

Pantomime Chevaleresque en trois Actes.

ACTE PREMIER.

Le Théâtre représente les jardins du sérail de Saladin. A droite de l'acteur, un pavillon formant l'entrée du harem; à gauche, un bosquet. Dans le fond, des remparts flanqués de tourelles.

Les femmes du harem de Saladin s'amusent de différentes manières dans les jardins du sérail. Les unes cueillent des fleurs, d'autres les tressent en guirlandes.

Première ODALISQUE, *regardant au fond, et gaîment.*

On entre dans les jardins.

Deuxième ODALISQUE, *regardant avec humeur.*

C'est ce vieux avare Misouf, et ce fripon d'Allabech, chef des Eunuques noirs.

Première ODALISQUE, *souriant.*

Tu fais là en deux mots, un joli portrait de nos chers gardiens.

Deuxième ODALISQUE.

Dès qu'ils paraissent dans le sérail, adieu la gaîté.

Première ODALISQUE, *avec folie.*

Point du tout... Moi, je veux m'amuser aux dépens de ces aimables cerbères. (*aux Odalisques.*) Mes amies, secondez-moi.

Misouf et Allabech paraissent; les Odalisques s'amusent à les tourmenter par leurs espiégleries et leurs folles caresses. Elles sautent autour de Misouf en criant : « Seigneur Misouf, seigneur Misouf. »

MISOUF.

Paix... paix... Eh! mon dieu! que de caresses!.. C'est une

vraie conspiration... elles vont m'étouffer! ... Cela finira-t-il?... Ah? je respire... Ecoutez-moi. (*Toutes les Odalisques l'entourent.*) Je vous annonce une nouvelle compagne; elle est du pays de la beauté... de mon pays, c'est tout dire. (*Les Odalisques se mettent à rire.*) Oui, riez, riez; peut-être dès demain, sera-t-elle la favorite du sultan Saladin, et par conséquent votre maîtresse... En un mot, c'est une belle Georgienne, achetée à grand prix au chef de la caravanne arrivée hier dans la Palestine. Allez la recevoir à l'entrée du sérail, vous la conduirez jusqu'ici... Allons, partez.

Les Odalisques sortent.

MISOUF, *à Allabech.*

Bravo, mon cher Allabech, voilà une nouvelle occasion de gagner de l'or... ça fait tant de plaisir à compter! Et puis il faut être vrai, nous autres pauvres diables, nous n'avons guères que ce plaisir-là. D'un autre côté, on vient de recevoir la nouvelle que le jeune et généreux Soleim, frère de notre Sultan, revient vainqueur, après avoir combattu, pour la première fois, ces Chrétiens, dont la bravoure nous a été si souvent fatale. Une nouvelle favorite, un vainqueur à recevoir!.. double fête, doubles cadeaux... Cependant, je te le dis en confidence, la vie du sérail ennuie le vieux Misouf: encore quelques sacs d'argent, je me retire du commerce, et je te cède ma place, cher Allabech, si jusques-là tu m'obéis aveuglément et avec zèle, comme tu l'as fait jusqu'à ce jour.

Allabech s'incline en jurant à Misouf un dévouement absolu.

Les Odalisques amènent Aldina. Elle est voilée, et conduite par deux eunuques noirs.

Les Odalisques font tous leurs efforts pour égayer leur nouvelle compagne; elles se groupent autour d'elle, et lui offrent les fleurs qu'elles ont cueillies.

Le son bruyant de la trompette se fait entendre.

MISOUF.

Ce signal annonce le retour du jeune frère de Saladin avec les trophées qu'il a conquis. Je cours prévenir le sultan, notre illustre maître. (*aux Odalisques,*) Vous, rentrez; et parées de vos plus élégans atours, tenez-vous prêtes à recevoir mes ordres.

Allabeck appelle les eunuques, et leur ordonne de faire rentrer les Odalisques dans l'intérieur du harem: Aldina suit tristement les autres femmes.

Le jeune Soleim s'avance à la tête d'un détachement de Sarrazins portant des trophées conquis sur les Chrétiens. Saladin vient à la rencontre de son frère et l'embrasse avec transport.

SALADIN.

Soleim, mon cher frère, tu viens de faire tes premières armes et tu as remporté la victoire. J'étais certain que le sang des Califes qui coule dans tes veines ne pouvait dégénérer. Sois le bienvenu dans le palais de Saladin ; c'est aujourd'hui même que ta dix-huitième année vient de s'accomplir; notre loi te permet d'entrer, pour la première fois, dans le harem ; de nouveaux plaisirs vont te faire connaître le prix de l'existence ; on peut cultiver les roses, lorsqu'on a su cueillir le laurier. (*Au chef des eunuques.*) Ministre du sérail, donnez l'ordre à mes plus aimables Odalisques de venir embellir la fête de la gloire par les charmes de l'amour.

Allabeck salue, et s'empresse d'exécuter l'ordre du soudan. L'émir Aroun se retire avec respect à la tête des soldats et des officiers Sarrasins, pour ne pas troubler les plaisirs de son maître. Les femmes paraissent; elles sont voilées et sous la garde des ennuques.

SALADIN, *à Soleim.*

Tu vois ces jeunes esclaves, ornemens de ce harem ! Suivant nos usages, tu peux choisir pour compagne celle qui aura le don de te plaire.

Les eunuques lèvent les voiles ; Soleim est ébloui des charmes qu'il aperçoit, il hésite long-tems, enfin il choisit Aldina.

La belle géorgienne, dont le cœur n'a point encore parlé, ne connaissant que le devoir et la nécessité d'obéir, s'avance, les yeux baissés, avec mollesse et indifférence ; elle reçoit, sans émotion, le schall que Soleim lui présente, en la proclamant sa sultane favorite. On la conduit dans le bosquet; elle est placée sur des coussins aux pieds du soudan ; ses compagnes, quoique jalouses en secret de son bonheur, célèbrent cet événement par leurs danses : les unuques marquent la mesure en frappant sur des tambours turcs.

DIVERTISSEMENT.

L'émir Aroun s'avance en demandant la permission de paraître devant le sultan; elle lui est accordée.

AROUN.

Sublime commandeur des Croyans, un chevalier arrivant du camp des Croisés, sollicite la faveur d'être conduit en ton auguste présence.

SALADIN.

Dis-lui que Saladin consent à le recevoir.

Aroun se prosterne et sort.

Saladin fait rentrer dans le harem toutes les femmes et les eunuques.

Aroun reparaît avec un chevalier couvert d'un manteau brun, et accompagné par les gardes du sérail.

L'inconnu donne un écrit à Aroun ; celui-ci le pose sur sa tête, et le présente au sultan, en mettant un genou en terre.

Saladin déroule l'écrit et lit :

« Soudan d'Egypte, les Croisées, après s'être emparés de » Saint-Jean-d'Acre, ont résolu de venir attaquer et surprendre » ce harem, dans lequel ils savent que tu es enfermé avec tes » trésors. Témoin depuis long-tems des hauts-faits du héros des » Sarrasins, irrité de l'orgueil du grand-maître des Templiers ; » mécontent des faveurs qu'il accorde aux chevaliers Français, » et des injustices dont il abreuve ceux de ma nation, enfin, » éclairé par la lumière de la religion de Mahomet, j'ai résolu » de marcher désormais sous les étendards du grand Saladin ; » mais avant de quitter les rangs de nos communs ennemis, je » veux te donner une preuve authentique de mon dévouement, » en livrant entre tes mains le grand-maître des Templiers avec » les chevaliers chargés d'enlever cette forteresse, et qui espè- » rent la trouver sans défenses. »

HUMFREY, *chevalier Templier de la langue anglaise.*

Le calife, surpris de ce qu'il vient d'apprendre, se retourne vers l'inconnu et l'examine avec attention.

SALADIN.

Où est le chevalier renégat qui a tracé cet écrit ?

L'inconnu laisse tomper son manteau ; on voit un templier.

HUMFREY.

Il est devant toi.

SALAD M.

Si tu es fidèle à tes promesses, la fortune et les honneurs seront ta récompense.

HUMFREY.

Je le jure par Mahomet.

Le grand Saladin accueille le traître, quoiqu'il déteste la trahison.

Humfrey lui fait connaître le plan d'attaque des Templiers; il annonce qu'il va rejoindre les assaillans, pour n'exciter aucun soupçon; il est reconduit à l'extérieur par les gardes du sérail.

Aussitôt le sultan fait prendre les armes sans bruit à ses troupes; tout se prépare pour la défense.

Le jeune et impétueux Soleim, à la tête de la garde du soudan, se promet une nouvelle victoire.

Il fait cacher ses soldats sous les remparts et dans les tourelles.

Cependant les Croisés se sont avancés en silence; n'apercevant personne, ils escaladent les murs; guidés par le perfide Humfrey. Le grand maître descend dans l'intérieur du sérail; il est accompagné du jeune Renaud, portant l'étendard de l'ordre, et d'un petit nombre de chevaliers; il aperçoit l'entrée du harem, et croit y surprendre Saladin au milieu des plaisirs et sans défense.

Tout-à-coup les Sarrasins l'enveloppent en poussant de grands cris; l'intrépide grand-maître se fait jour à travers leurs rangs.

Une grosse tour roulante s'approche des murs à l'extérieur; elle porte des chevaliers qui viennent au secours du grand maître; une attaque plus sérieuse commence, les flèches et les feux volent de toutes parts; et les Sarrasins, garnissant les tourelles, font la plus vive résistance. Cependant l'impétuosité des chevaliers français rappelle la victoire sous les drapeaux des Croisés; un pont-levis s'abaisse sur les remparts; la tour mobile vomit de nouveaux combattans, et le croissant recule devant la croix.

Pendant cette action, le feu a pris au harem ; on aperçoit la réverbération des flammes ; les Odalisques s'enfuient et cherchent un refuge.

Aldina se trouve en face d'Humfrey ; ce sélérat est frappé de sa beauté ; il médite déjà les moyens de s'emparer de cette proie ; il cherche à rassuser la Géorgienne tremblante à son aspect ; il lui offre un asile, et l'entraîne malgré sa résistance.

Un nouveau groupe fixe l'attention des combattans, c'est le petit Renaud disputant la bannière des templiers au jeune Soleim : le frère du calife veut cueillir une nouvelle palme, en s'emparant de ce redoutable étendard : Renaud, plus faible, va succomber et l'ordre a perdu cette bannière glorieuse qui le dirigeait dans les combats.

Le brave Saint-Amand, templier français, l'ami, le compagnon de Renaud, paraît sur le pont-levis de la tour, s'élance en bas des remparts, arrache l'étendard des mains de Soleim, relève le petit profès, lui rend le signe de la victoire si justement nommé *Beauseau*. A la vue de ce superbe chevalier, le frère de Saladin reste frappé d'étonnement ; les Sarrasins ont aperçu le danger que le jeune prince va courir ; ils volent à son secours, guidés par Aroun. Les templiers accourent en foule de leur côté pour défendre Saint-Amand. Une nouvelle mêlée s'engage.

Au milieu de ce désordre, on distingue Humfrey, qui, déjà subjugué par la passion la plus effrénée, entraîne Aldina, veut lui faire violence et l'enlever...

Témoin de cette action, indigne d'un chevalier religieux, Saint-Amand le rappelle à l'ordre et aux combats.

L'instant de se replier est arrivé ; le grand-maître, voyant son expédition manquée, sans en connaître la véritable cause, donne le signal de la retraite ; les Sarrasins poursuivent les Chrétiens jusque sur la tour d'assaut. Le pont-levis se relève à l'instant où Saint-Amand, qui soutient la retraite en combattant corps à corps un des plus redoutables guerriers infidèles, va y rentrer.

Saint-Amand, se voyant prisonnier dans le sérail, sans espérance de franchir les murs garnis partout d'ennemis, redescend vers le harem pour y chercher une issue; il aperçoit Aldina évnouie et couchée sur la terre.

Le jeune templier, ému de compassion, la soulève dans ses bras et la porte dans le bosquet, en cherchant à lui donner tous les secours en son pouvoir.

La belle géorgienne reprend ses sens; elle baisse les yeux en rencontrant ceux de son aimable libérateur. Tous deux semblent frappés du même trait; tous deux, pour la première fois, sentent battre leurs cœurs, et restent étonnés du sentiment nouveau qu'ils éprouvent; un seul regard a décidé du sort de toute leur vie.

Conduit par Humfrey, Soleim paraît sur le rempart; le jeune musulman s'élance furieux; il veut venger son amour outragé, et acquérir une nouvelle gloire en combattant l'orgueilleux ennemi qui est en sa présence.

Saint-Amand, mesurant de l'œil son jeune et faible adversaire, ne le croit pas en état de combattre avec lui, et dédaigne un laurier trop facile à cueillir.

Soleim, indigné de ce mépris, tire son cimeterre, et attaque le templier avec fureur; Saint-Amand reçoit son attaque avec calme, et, du premier coup, fait voler en éclats le fer du téméraire musulman. Le jeune sarrasin n'en devient que plus furieux; il tire son poignard, il se précipite sur son ennemi; mais sa force trahit son courage; obligé de se défendre, le templier l'a frappé d'un coup mortel; Soleim chancelle, tombe... Aldina, épouvantée, conseille au chevalier de chercher son salut dans la fuite; il n'est plus temps... L'émir Aroun, les Sarrasins, les eunuques, les femmes sont accourus au bruit du combat; Saint-

Amand est enveloppé, désarmé, renversé; il va périr...

Le Sultan paraît; il arrête les glaives suspendus sur la tête du chevalier français :

Aroun montre à Saladin son frère expirant, en lui apprenant que c'est un prisonnier qui l'a fait tomber sous le tranchant de son sabre.

Le soudan, vivement ému, s'approche de son frère, le soulève dans ses bras, le presse sur son cœur, et cherche à retenir sa vie fugitive... Efforts inutiles!... L'infortuné Soleim retombe, désigne Saint-Amant comme son meurtrier, et ses yeux se ferment pour jamais à la lumière.

A cet aspect, Saladin ne se possède plus; il tire son cimeterre et veut s'élancer sur Saint-Amand; Aldina tremble pour les jours de celui qu'elle adore sans le savoir; elle retient le bras du sultan.

ALDINA, *dissimulant et troublée.*

Que vas-tu faire, soudan d'Egypte?... Ce n'est pas sous le cimeterre du grand Saladin que doit tomber le meurtrier de son frère Soleim; il faut un plus terrible supplice.

SALADIN, *se remettant.*

Tu as raison Aldina, et je veux que tout son sang coule sur le tombeau de mon frère... Quant à toi esclave fidèle, tu avais été choisie par le malheureux Soleim pour embellir sa vie par ton amour, tu étais l'épouse de son cœur, je sens combien ta situation est affreuse... Demande-moi tout ce que tu voudras, fût-ce même la permission de retourner en Géorgie, je suis prêt à te l'accorder.

ALDINA.

Sublime sultan, je n'exige pas une aussi haute faveur... Promets-moi seulement de m'accorder la première grâce que je te demanderai.

SALADIN.

J'en fais le serment au nom du prophête... (*Montrant Saint-Amand.*) Qu'on enferme ce misérable dans un cachot, il n'en sortira que pour recevoir la mort... (*Aux ennuques.*) Et vous, esclaves, rassemblez-vous dans la plaine de Ptolémaïs, et préparez tout pour rendre à mon infortuné frère les honneurs funèbres qui sont dus à son rang et à sa haute vaillance.

Saint-Amand est chargé de chaînes et entraîné par les gardes.

Les eunuques emportent le corps de Soleim ; il est environné par toutes les odalisques en pleurs ; Aldina échange avec Saint-Amant un regard d'intelligence ; le sultan est plongé dans la plus profonde douleur ; Humfrey, resté dans le sérail, et caché jusqu'à ce moment, se rapproche de Saladin, sans être aperçu par Saint-Amand ; il tourne vers la Géorgienne des yeux brillans de la passion la plus véhémente, et semble jouir d'avance du triomphe qu'il espère.

Fin du premier Acte.

ACTE II.

Le Théâtre représente une campagne ; à droite, l'entrée des sépultures des Califes ; dans le fond, la mer, et une vieille tour servant de phare ; elle est élevée sur un rocher au milieu des flots ; on entre dans cette tour par un souterrain creusé dans le roc.

Le corps de Soleim est placé sur une estrade ornée de tous les attributs militaires ; Aldina est à la tête des femmes ; elles sont toutes couvertes de voiles noirs ; plusieurs tiennent à la main des tambours turcs, garnis de crêpes funèbres.

Le Calife paraît plongé dans la plus profonde douleur ; les soldats, les eunuques, les eslaves forment autour de leur maître divers groupes ; partout règne la consternation, le deuil et la stupeur.

SALADIN.

Braves Sarrasins, compagnons d'armes de Soleim, calmez vos douleurs ; sa mémoire sera vengée ; nous reporterons bientôt dans le camp des Croisés la désolation et les alarmes : mais le meurtrier de mon frère va recevoir la mort sur cette tombe, comme une juste expiation de son forfait.

Il a parlé : Saint-Amand est amené chargé de chaînes ; il est conduit près du tombeau ; il va périr ; les glaives sont levés sur sa tête ; Aldina s'élance en s'écriant : *Arrêtez !*... A sa voix, les bourreaux suspendent leurs coups... Saladin reste frappé d'étonnement.

ALDINA, *au sultan.*

L'invincible Saladin ne peut oublier la promesse qu'il m'a faite ; je viens ici la réclamer.

SALADIN.

Tu peux parler avec confiance.

ALDINA, *avec embarras.*

Commandeur des Croyans, je renonce à la liberté, à tous les biens que ta générosité m'avait offerts ; je ne te demande qu'une seule fafeur ; c'est d'épargner la vie de ce chevalier.

SALADIN, *avec colère.*

Moi ! épargner l'assassin de mon frère... Non, ne l'espère pas...

ALDINA.

Mahomet a reçu ton serment.

SALADIN.

Et tu exiges que je le tienne, toi, la favorite de mon infortuné frère!... quel motif peut justifier une pareille démarche ?

ALDINA, *avec crainte.*

Ah! seigneur, une mort prompte est plutôt un bienfait qu'un supplice. Pour que notre vengeance fût complète, il faudrait que ce Chrétien passât dans l'esclavage une vie longue et sans espérance....

SALADIN, *après un moment d'hésitation.*

Sultane, tu seras satisfaite : mais le noble sentiment qui a dicté ta demande, mérite une récompense... Gardes, la belle Aldina est libre; elle peut, dès cet instant, quitter le harem, et retourner dans sa patrie. J'ordonne qu'il lui soit compté cent bourses d'or, et que tout soit préparé pour son départ. (*Misouf sort.*) (*montrant Saint-Amand.*) Quant à cet infidèle, qu'il soit conduit dans cette tour... (*il indique le phare.*) Qu'il y soit gardé avec la plus grande sévérité...

On exécute les ordres du soudan. Saint-Amand s'éloigue au milieu des eunuques, en jettant sur Aldina un regard d'amour et de reconnaissance.

Aldina se jette aux genoux de Saladin qui prononce son affranchissement.

En même tems on voit passer, sur une gondole, Allabech et les eunuques, qui conduisent Saint-Amand dans la tour.

Dès qu'il y est renfermé, la gondole revient; Saladin sort à la tête de ses gardes.

Restée seule, Aldina gémit sur sa triste situation.

Misouf arrive avec une cassette qu'il dépose aux pieds d'Aldina.

Au moment où il va lui parler, Allabech revient et lui remet les clefs des souterreins qui conduisent à la tour. Misouf lui témoigne sa satisfaction; Aldina qui a remarqué cette action, espère bien en tirer avantage.

MISOUF, *à Aldina.*

Aimable sultane, je dépose à vos pieds les cent bourses d'or que le sultan vous a données. Vous savez les égards, les soins que j'ai eus pour vous depuis que vous êtes dans le sérail... et je ne doute pas que votre générosité...

ALDINA.

Elle sera sans bornes si tu veux me servir... Tu as les clefs des souterrains qui conduisent à cette tour... cet or t'appartient, si tu consens à délivrer le chevalier français confié à ta garde.

MISOUF.

Comment ! ces cent bourses d'or !...

ALDINA.

Elles sont à toi.

MISOUF.

Il m'est possible de faire sortir le chevalier de son cachot... mais je ne réponds pas que les gardes du sultan...

ALDINA.

Fais ce qui dépendra de toi... (*à part.*) L'amour et la reconnaissance m'inspireront ce que je dois faire pour la délivrance de celui qui m'a sauvé l'honneur et la vie. (*à Misouf.*) Eh bien ?

MISOUF.

Madame, je consens à tout.

ALDINA.

Il est sauvé !

Misouf fait approcher Allabech, lui remet les clefs du cachot pour en faire sortir Saint-Amand, et lui promet de partager avec lui l'or qui lui est donné, s'il exécute fidèlement ses ordres; Allabech jure de faire ce qu'il lui demande, et sort.

Misouf, satisfait, veut alors prendre les cent bourses d'or; mais Aldina l'arrête : il ne les aura que lorsque le chevalier sera délivré.

On voit Allabech gagner les souterrains sur sa gondole : il descend, monte à la tour. Le factionnaire l'arrête; mais s'étant fait reconnaître, il passe.

Bientôt il reparaît suivi de Saint-Amand, surprend le factionnaire, le poignarde, et le jette à la mer.

Il saute aussitôt, avec Saint-Amand, dans la gondole, qui se dirige vers la terre.

Misouf reçoit alors d'Aldina la récompense promise, et se retire tout joyeux.

Saint-Amand arrive; il est reçu par Aldina. Il tombe aux pieds de sa belle libératrice; elle lui tend les bras, il s'y précipite... Bientôt se rappelant ses vœux, et l'impossibilité d'être jamais à celle qu'il adore, il recule avec inquiétude. La Géorgienne ne peut deviner la cause de cette froideur, elle le presse vivement de fuir avec elle : le templier hésite; une lutte terrible s'est engagée dans son cœur; il sent tout le danger de sa situation; il voudrait qu'il fût possible de reprendre ses fers.

On entend la trompette; les amans découvrent de divers côtés des hommes qui s'avancent dans l'ombre de la nuit; Aldina s'aperçoit que le lieu des sépultures est entouré; elle conjure son amant de sauver ses jours. L'image du danger que va courir sa bien-aimée fait chanceler la rigide vertu du templier; il consent à se cacher, et ne trouvant dans la plaine d'autre endroit pour se mettre à l'abri des recherches, que la sépulture des califes, la Géorgienne l'y fait entrer, en lui recommandant le silence. Quant à elle, s'imaginant qu'elle ne sera pas reconnue sous son déguisement, elle se place à genoux auprès de la tombe de Soleim, dans la posture d'une esclave fidèle qui verse des larmes sur les cendres de son maître. Vaine espérance! Pendant ce tems, Humfrey, suivi des Sarrasins qui lui sont vendus, paraît dans le fond; il reconnaît Aldina, la leur montre, leur ordonne de l'enlever, et se retire.

Les Sarrasins saisissent Aldina, elle tombe à leurs pieds, elle les supplie; ils sont sourds à ses prières; ils vont l'entraîner, lorsque soudain Saint-Amand soulève le voile qui couvre le cercueil de Soleim, et se montre à leurs yeux en les menaçant. A cet aspect, les ravisseurs se figurent qu'ils ont devant eux l'ombre de leur jeune maître, et qu'il vient défendre celle qu'il chérissait : frappés d'épouvante, ils tombent la face contre terre. Aldina, profitant de leur stupeur, entraîne le chevalier et tous deux disparaissent.

Humfrey revient pour savoir si ses ordres sont exécutés. Quel est son étonnement en voyant ses satellites prosternés dans la poussière! il cherche à les rassurer, à deviner la cause de leur frayeur; les esclaves lui racontent ce qui vient de se passer; le renégat soupçonne une fourberie, il tire son épée, il menace, Aroun paraît et l'arrête.

Le jour commence à poindre.

AROUN, *reconnaissant Humfred.*

Seigneur, le chevalier français qui était dans cette tour, a trouvé le moyen de s'échapper ; je viens de le voir non loin de ces lieux, fuyant avec une esclave du sérail ; c'est en vain que je les ai poursuivis ; malgré tous mes efforts, ils ont gagné la route qui conduit aux premiers postes des Chrétiens.

La fureur d'Humfrey est à son comble, il veut courir sur les traces des fugitifs ; le sultan s'avance avec ses gardes, le renégat se compose et aborde Saladin avec respect.

HUMFREY.

Commandeur des Croyans, on te trahit...

SALADIN.

Nomme-moi le coupable.

HUMFREY.

Aldina.

SALADIN.

Que dis-tu ?

HUMFREY.

La vérité... Oui, la perfide Géorgienne a fait évader de cette tour le chevalier français, assassin de ton frère.

SALADIN, *avec courroux.*

Que l'on courre sur leurs traces ; ils paieront de leurs têtes...

HUNFREY.

Arrête, soudan d'Egypte, et laisse-moi le soin de te venger.

SALADIN.

Par quel moyen ?

HUMFEY.

On ne sait pas encore dans le camp des Chrétiens que je suis passé à ton service ; c'est demain que Conrad, marquis de Mont-Ferrat, doit se faire couronner roi de Jérusalem : je vais retourner auprès de lui. Au milieu du tumulte occasionné par la fête, il me sera facile de te livrer tes ennemis. Je ne te demande, pour m'accompagner, qu'un seul homme dévoué, et à toute épreuve.

Saladin approuve le projet et fait un signe ; un soldat s'avance.

Voici un Arabe de la tribu des Assassins ; tu peux compter sur lui, il te servira au péril de sa vie.

L'Arabe en fait le serment.

SORTIE GÉNÉRALE.

(Le Théâtre change et représente le camp des Croisés ; au milieu, une tente riche et un trône ; à gauche de l'acteur, une autre tente plus élevée et fermée par des rtdeaux. Le jour paraît.)

Une marche pompeuse se déploie dans le camp en face de la tente royale. On y voit figurer les barons, les comtes, les chefs des Croisés des diverses nations, les députations des chevaliers de tous les ordres religieux militaires, le grand maître des Templiers, le duc d'Autriche, et les dames venues d'Europe à la suite de leurs époux et de leurs frères. On apporte, en cérémonie, le sceptre et la couronne.

Conrad, marquis de Montferrat, paraît sur un cheval richement caparaçonné ; il est précédé de ses pages, portant sa bannière et celle de l'armée, sur laquelle est tracé ce cri de guerre et de victoire. *Dieu le veut.* Il est suivi de ses deux grands officiers, sur leurs chevaux de bataille : plusieurs chevaliers des ordres religieux militaires sont montés sur des coursiers bardés de fer.

Conrad reçoit la couronne que le grand-maître des Templiers lui présente, sous la garantie du Roi de France Philippe Auguste, et au nom de l'armée, à la place de Guy de Lusignan, déchu de ses droits, d'après les malheurs de la bataille de Tibériade. Les barons et les comtes lui offrent le sceptre, et les dames lui ceignent l'épée, suspendue à une écharpe blanche.

Des Sarrasins faits prisonniers dans le dernier combat, sont amenés chargés de chaînes. Le roi ordonne qu'ils soient mis en liberté. Ils se prosternent, et demandent la permission de prendre part à la fête, en exécutant les jeux et danses de cimbales à la manière de leur pays.

Cette permission est accordée.

Les dames européennes dansent à leur tour, en s'accompagnant avec des lyres d'or. Ces divertissemens se terminent à l'arrivée d'Humfrey, accompagné de l'Arabe de la tribu des Assassins.

HUMFREY, *s'avançant au pied du trône.*

Sire, cet Arabe vient de remettre, aux gardes avancés du camp, ce message, qui paraît être de la plus haute importance.

Il présente un écrit au roi : l'Arabe regarde tout ce qui l'entoure avec un étonnement stupide. Conrad, après avoir fait éloigner tout le monde, à l'exception du grand-maître des Templiers et d'Humfrey, déroule le parchemin, et lit ce qui suit :

« Roi de Jérusalem, un ami fidèle des Chrétiens te fait connaître qu'un chevalier, resté prisonnier dans l'attaque du harem de Saladin, a racheté sa liberté en lui promettant de livrer ton camp aux infidèles. Ce chevalier déloyal est accompagné d'une belle Géorgienne qu'il vient d'enlever du sérail.

HUMFREY.

Sire, cette esclave s'avance vers les barrières du quartier royal, et j'ai reconnu St.-Amand dans le chevalier qui l'accompagne.

Saint-Amand paraît avec Aldina. Le renégat fait sortir l'Arabe et s'arrange de manière à ne pas être vu par la Géorgienne. Saint-Amand la présente au roi avec calme et dignité ; il va lui raconter l'événement qui a mis cette femme entre ses mains.

COURAD, *sans l'écouter.*

Que ce chevalier soit arrêté et désarmé.

On désarme Saint-Amand. La Géorgienne, en voyant traiter ainsi son protecteur, se jette aux pieds du prince.

ALDINA.

Roi des Chrétiens, il n'est pas coupable ; c'est à son courage que je dois la vie : il m'était permis de quitter le sérail, et j'ai suivi volontairament mon généreux libérateur.

CONRAD, *montrant le grand-maître.*

Belle étrangère ne craignez rien, et apprenez que les chevaliers français ont toujours su respecter les dames et le malheur.

Le roi appelle deux de ses barons, leur dit que la Géorgienne est libre, et la place sous leur sauvegarde ; ensuite il remonte à cheval, et sort avec ses chevaliers.

Le grand-maître fait retirer tout le monde : le jour s'est écoulé. Saint-Amand reste sous la garde d'Humfrey ; Saint-Amand est dans sa tente ; les rideaux se ferment. Humfrey fait placer des sentinelles de divers côtés, en ayant soin de les éloigner du lieu de la scène, afin d'être libre d'exécuter son infernal projet.

La nuit est devenue très-obscure. Dès que le renégat se voit seul, il appelle l'Arabe, et lui indique la tente qui renferme son ennemi. Dans ce moment, Aldina, inquiète sur le sort de celui qu'elle aime, paraît dans le fond; étonnée de ce qu'elle voit, elle écoute en silence.

HUMFREY, *à l'Arabe.*

Lorsque les clairons et trompettes du camp sonneront la retraite, ce sera le signal pour frapper.

L'Arabe promet d'obéir; Humfrey se retire, l'Arabe se cache.

Aldina, épouvantée de ce qu'elle vient d'entendre, s'avance doucement vers la tente de son ami; elle soulève les rideaux, elle voit Saint-Amant à demi-couché sur son lit de camp, et plongé dans la douleur la plus profonde.

Aldina l'arrache à cette rêverie; elle lui raconte le complot formé contre ses jours : l'impétueux chevalier demande des armes; il voudrait combattre et prévenir les scélérats qui les menacent; la Géorgienne le retient et l'appaise, en lui faisant entendre qu'un éclat le perdrait, qu'il ne pourrait donner les preuves de la trahison, enfin qu'il vaut mieux inventer quelques moyens pour faire tomber ses ennemis dans le piége qu'ils lui ont tendu.

Comment faire pour parvenir à ce but? L'amour inspire Aldina; les ombres de la nuit permettant difficilement de distinguer les objets, l'assassin ne peut se douter que le chevalier, qu'il vient de voir endormi dans sa tente, en est sorti; il n'est pas impossible de le tromper; elle détache le manteau du jeune Templier, elle l'étend sur le lit de camp, elle y place son casque dont elle ferme la visière, enfin elle a l'adresse de donner à cet appareil la forme d'une personne plongée dans le sommeil; elle referme les rideaux de la tente, et tous deux sortent avec mystère, dans l'intention d'aller trouver quelques chefs et de les amener dans l'ombre, pour les rendre témoins de la scélératesse d'Humfrey.

A peine ont-ils disparu, l'Arabe revient, il écoute, et semble attendre le signal avec impatience.

Les clairons et les trompettes annoncent la retraite. Le renégat paraît, il est bientôt entouré par un parti de Sarrasins qu'il a fait cacher pendant le jour, et qu'il introduit dans le camp ; le renégat leur donne ses ordres, ils sortent. Humfrey indique à l'assasin qu'il est tems d'agir : l'Arabe ouvre doucement les rideaux de la tente, et se réjouit d'avance en croyant apercevoir sa victime.

Dans cet instant, le roi, le grand-maître et les barons s'avancent dans la tente royale, et examinent avec attention ce qui se passe sous leurs yeux.

Humfrey qui n'a pas perdu de vue l'assassin, lui dit de frapper ; l'Arabe obéit ; son poignard s'enfonce dans le lit de camp ; au même instant Saint-Amand le perce d'un coup de lance, et l'étend sans vie à ses pieds.

Le roi et le grand-maître s'avancent vers le renégat, ils l'accablent de reproches ; celui-ci se voyant découvert, jette le masque, arrache le manteau de l'ordre et s'écrie avec force :

A moi, Sarrassins !

Les soldats du soudan accourent à la voix du traître.

Les trompettes sonnent, les tambours battent, les Croisés courent aux armes ; la confusion et le désordre règnent dans le camp. Au milieu de la mêlée, Aldina tombe entre les mains d'Humfrey, qui la fait enlever par ses satellites. Saint-Amaud accourt, il veut la défendre, il est forcé de céder au nombre. Le renégat ayant obtenu ce qu'il désire, donne le signal de la retraite ; mais le roi, ses barons, les chevaliers Croisés accourent de toutes parts. Bientôt ils reprennent l'avantage : les Sarrasins plient, ils sont en plein deroute.

Cependant on voit au fond Aldina au milieu de ses ravisseurs ; elle tend les bras à Saint-Amaud. Celui-ci fait un mouvement pour voler à son secours ; mais épuisé par la perte de son sang, accablé par la fatigue, il tombe, en jettant sur elle un dernier regard. Son ami, le jeune Renaud le soutient. Humfrey est triomphant.

Fin du second Acte.

ACTE III.

Le Théâtre représente une partie d'un parc tenant au sérail. A droite de l'acteur, un pavillon fermé; à gauche, une table, un divan.

Misouf entre avec mystère, il regarde de tous côtés; il fait un geste, Allabech paraît avec le jeune templier Renaud, déguisé en Mameluck circassien, et le chevalier St.-Amand, caché sous l'habit d'un vieux esclave Copthe.

MISOUF, *à St.-Amand.*

Vous voilà introduits dans les jardins. Avec les précautions que j'ai prises, et sous ces déguisemens, il est impossible, seigneur templier, qu'on reconnaisse ni vous, ni votre jeune compagnon... je crois donc avoir gagné loyalement l'or que vous m'avez compté. D'ailleurs je suis porté de cœur, vous le savez par vous-même, à servir cette malheureuse Aldina... elle récompense si bien!

RENAUD.

C'est là l'essentiel, n'est-ce pas?

MISOUF.

C'est ici, comme partout... Après le départ du grand Saladin, le Renégat va rester seul maître en ces lieux. Aldina est sa prisonnière, son sort ne dépend que de lui; et je ne puis vous cacher, que si elle résiste à ses volontés, elle sera enfermée dans ce pavillon, sous bonne et sûre garde. Je ne sais, à vous parler franchement, comment nous ferons pour la délivrer... Les circonstances nous décideront, je l'espère...

St.-Amand ôte de son doigt une bague, et la donne à Renaud.

RENAUD, *présentant la bague à Misouf.*

Et ce diamant pourra les faire naître, n'est-ce pas?

MISOUF, *regardant la bague.*

Il est d'une belle eau!.. Enfin comptez sur moi; mais surtout de la prudence, car si l'on découvrait... nous serions perdus... On vient... évitez tous les regards, et attendez en silence un instant favorable. (*Il les fait cacher.*)

Saladin paraît accompagné d'Humfrey, richement vêtu à la manière orientale, et suivi de toute sa cour.

SALADIN, *à Humfrey.*

Vaillant Humfrey, je dois la victoire à ton dévouement. Désormais ma confiance en toi sera sans bornes... En retournant dans mes états d'Egypte, je laisse à mon visir le soin de soutenir l'honneur de mes armes... Quant à toi, je te confie le commandement du corps d'Egyptiens campés sous les murs de Jérusalem, je t'é-

(22)

lève au rang d'Emir. Ces esclaves, ce sérail, ces soldats restent sous tes ordres. Enfin ils t'obéiront comme à moi-même, après la cérémonie d'abjuration solemnelle qui doit lier ton avenir à l'empire glorieux du croissant.

Humfrey prête serment sur le coran, il est proclamé Emir à la tête des gardes, et l'étendart à trois queues flotte sur sa tête.

Après cette cérémonie Saladin sort avec ses gardes et toute sa cour.

Humfrey ordonne à Allabech d'amener devant lui la Géorgienne, dont il est plus épris que jamais.

Aldina entre accompagnée par deux eunuques muets et par deux vieilles Ethiopiennes.

Humfrey lui fait entendre qu'il n'est plus possible qu'elle échappe au sort qui lui est réservé; quant à lui, comblé des faveurs du sultan, il n'est aucune dignité à laquelle il ne puisse désormais prétendre, et celle qu'il adore partagera ses richesses et sa gloire. La Géorgienne l'écoute avec dédain.

HUMFREY, *impatienté.*

Il faut enfin que tu fasses un choix, la faveur de ton maître, ou une prison éternelle.

ALDINA, *avec ironie.*

Je te remercie, Humfrey, de la permission que tu me laisses de choisir... Un esclavage éternel est sans doute un supplice affreux; mais recevoir la main d'un lâche qui a trahi sa patrie et sa loi, ce serait un supplice plus horrible encore... Fais-moi donner des fers, je les accepterai comme un bienfait.

Humfrey est confondu... Supplications, menaces, tout est inutile, Aldina reste inébranlable dans sa résolution.

Le renégat commande qu'elle soit enfermée dans le pavillon, sous la garde des deux eunuques muets et des vieilles Ethiopiennes : en exécutant cet ordre, Allabeck trouve le moyen de faire un signe à la Géorgienne et de lui passer un billet que Saint-Amand lui a remis pour elle. Ce chevalier n'a pas eu de peine à gagner le chef des eunuques, déjà dévoué à la belle et malheureuse esclave. Humfrey, Allabech et les gardes du sérail se retirent.

Les deux vieilles gardiennes s'asseyent sur le divan, préparent quelques fruits pour leur repas, et y ajoutent une bouteille de vin de Chypre, qu'elles tenaient en réserve. Les eunuques voudraient bien partager cette bonne aubaine ; ils en trouvent le moyen, en menaçant les Ethiopiennes de dénoncer leur infraction aux lois de Mahomet ; celles-ci, pour les appaiser, les font mettre à table ; tous les quatre s'égayent aux dépens du prophète.

Pendant qu'ils sont ainsi occupés, Allabeck reparaît mystérieusement en arrière avec Saint-Amand, qu'il a introduit dans le sérail sous l'habit d'un vieux esclave cophte ; ils sont accompagnés du petit Renaud, déguisé en mameluck circassien.

Allabeck montre les eunuques aux chevaliers, et leur donne un petit flacon contenant une liqueur soporifique, puis il les laisse en leur recommandant la prudence, et après avoir indiqué le pavillon qui renferme Aldina. Le vieux cophte et le jeune Circassien s'approchent de la table ; les esclaves se retournent avec crainte, en se croyant surpris.

RENAUD, *aux esclaves avec une feinte colère.*

Misérables ! c'est donc ainsi que vous transgressez la loi du prophête en buvant de cette liqueur défendue ? Je vais vous faire punir par notre maître.... (*avec gaîté*) à moins, pourtant, que vous ne consentiez à partager avec nous ce vin de Chypre.

Les esclaves n'on rien de mieux à faire, pour éviter la bastonade, que d'accepter la proposition : on passe la bouteille aux deux nouveaux venus ; ils feignent d'en boire, mais ils ont l'adresse d'y verser la liqueur contenue dans le flacon soporifique ; les deux muets reprennent la bouteille et la vident, au grand déplaisir des deux vieilles. Le petit Circassien aperçoit la clé du pavillon attachée à la ceinture de l'une d'elles ; il entre dans son plan de s'en emparer : en conséquence, il leur propose de s'égayer en dansant et en chantant ; le vieux cophte marquera la cadence avec un tambourin turc dont il est porteur, et le jeune mameluck accompagnera la vieille chanteuse avec une flûte circassienne qu'il lui montre.

RENAUD.

Aimable tulipe de l'Orient, une petite chansonnette sur le fruit défendu... L'instant est favorable, il faut en profiter... et vive la gaieté !...

La partie est acceptée ; l'Ethiopienne chante, tandis que les muets écoutent dans une posture grotesque.

CHANSONNETTE ORIENTALE.

PREMIER COUPLET.

L'Alcoran, ce livre divin,
Qu'il faut respecter, qu'il faut croire,
Nous dit qu'Allah créa le vin ;
Et qu'il ne permit pas d'en boire.
A l'Alcoran qu'hommage soit rendu :
Mais on a beau dire et beau faire
Partout le sexe, né pour plaire,
Aime un peu le fruit défendu.
N'en disons rien.... C'est entendu.

Sur le refrain, les deux vieilles et les eunuques dansent au son du tambourin et de la flûte circassienne.

DEUXIÈME COUPLET.

Les plaisirs nous sont interdits,
Pauvres esclaves que nous sommes !
Lorsqu'il rêva son paradis,
Mahomet ne pensa qu'aux hommes.
A l'Alcoran qu'hommage soit rendu :
Mais on a beau dire et beau faire,
Partout le sexe, né pour plaire,
Aime un peu le fruit défendu.
N'en disons rien.... C'est entendu.

Pendant ce second couplet, les deux eunuques s'endorment.

TROISIÈME COUPLET.

Un seul époux doit tour à tour
Faire le bonheur de cent femmes ;
Au sentiment de notre amour,
On nous défend d'ouvrir nos ames.
A l'Alcoran qu'hommage soit rendu :

(Ici le Circassien enlève la clé du pavillon de la ceinture de la vieille, et la donne au vieux cophte).

Mais on a beau dire et beau faire,
Partout le sexe, né pour plaire,
Aime un peu le fruit défendu.
N'en disons rien.... C'est entendu.

Sur le refrain, Renaud occupe les deux vieilles en dansant avec elles, et Saint-Amand ouvre la porte du pavillon.

Les vieilles se retournent; elles aperçoivent le chevalier dans les bras de la prisonnière; elles veulent crier; Renaud les contient en leur montrant un poignard.

Allabeck est accouru; il va faire sortir du sérail ses protégés... O disgrace imprévue ! le renégat revient avec Açoun, les officiers et les gardes. Témoin de cette trahison, il fait arrêter le chevalier et Aldina; mais le petit Renaud se glisse, à la faveur de son costume, au milieu des gardes, et sort en faisant entendre qu'il va tenter un dernier effort pour sauver ses malheureux amis.

Le chef des eunuques accusé par les Ethiopiennes, et surpris en flagrant délit, se prosterne devant son maître.

HUMFREY, *avec fureur.*

Perfide Allabeck, tu vas recevoir la juste punition pue tu as méritée.

Il ordonne que le chef des eunuques soit étranglé : les muets le saisissent, l'entraînent dans le pavillon, et reviennent bientôt annoncer que l'ordre du maître est exécuté.

Le renégat prend Aldina par la main, et l'entraîne vers la porte du pavillon : elle recule épouvantée en voyant Allabeck expirant.

HUMFREY, *avec une fureur consentrée.*

Aldina, pour la dernière fois, veux-tu céder à mon amour !...

ALDINA, *avec force.*

Monstre !... Non, jamais....

HUMFREY, *avec rage.*

Eh bien !... je ne connais plus que la haîne.... Tremblez tous deux; ma vengeance sera épouvantable....

Il fait emmener Saint-Amand et la Géorgienne, en ordonnant de les séparer, et de préparer tout pour leur supplice.

(Le théâtre change, et représente, en avant, un amphithéâtre ou cirque : c'est une ancienne construction romaine, réparée par les califes : le cirque est fermé de tous côtés par de fortes grilles ; à droite et à gauche se voient des loges qui contiennent des animaux féroces ; en face est une fontaine. Dans le fond, on aperçoit une partie de la ville et des murs d'Elcods, ou Jérusalem, *tombée au pouvoir des Sarrasins. Au pied des remparts s'élève une estrade en forme de trône.*

On voit passer, dans le lointain, le jeune Renaud, qui court vers le camp chrétien pour chercher du secours et sauver son compagnon d'armes. Les Arabes, les troupes éthiopiennes et sarrasines prennent poste de différens côtés sous les murs de la ville et autour du cirque.

Saint-Amand et Aldina sont aperçus dans le fond au-delà des grilles; ils sont au milieu des muets qui les contiennent le cimeterre à la main.

Aldina est conduite dans l'intérieur du cirque. Humfrey la suit; il lui montre les apprêts de son supplice; il lui propose de monter sur le trône avec lui, ou de périr avec Saint-Amand, dévorés tous deux par les bêtes féroces.

Aldina demande la mort... Elle sera ton partage! s'écrie le traître, et je jouirai de tes tourmens. En disant ces mots, il la repousse et la laisse seule dans l'amphithéâtre.

La Géorgienne, se voyant abandonnée, cherche en vain à soutenir le caractère courageux qu'elle vient de déployer; elle frémit, elle frissonne lorsqu'elle entend les rugissemens des animaux; ses jambes chancellent, elle pâlit, elle tombe affaissée sous le poids de sa douleur.

Les Arabes conduisent Saint-Amand dans le cirque, et se retirent pour garder le passage souterrain par lequel ils sont entrés.

Le jeune templier aperçoit la belle Géorgienne; il a soulevé dans ses bras, il la rappelle à la vie.

La mort est certaine, elle est là près d'eux, sous la forme la plus hideuse... Aldina se jète à genoux et invoque le ciel; Saint-Amand sanctifie ses vœux en les élevant par une prière fervente jusqu'au trône de l'Eternel; un rayon de la grâce divine semble descendre dans le cœur de la Géorgienne, et le nouveau Tancrède la consacre à Dieu avec les eaux de la fontaine recueillies dans son casque. Dans ce moment, Renaud et quelques templiers sont aperçus au sommet des monts, se glissant mistérieusement le long des murs. Alors on voit le peuple se répandre dans la campagne; les gardes se placent autour du cirque; tous paraissent avides d'un spectacle sanglant.

L'orgueilleux Humfrey monte sur le trône: les Arabes gardent les issues de l'amphitéâtre; les muets sont placés sur les loges des animaux; ils excitent leur fureur en les piquant avec de longs bâtons ferrés.

Le renégat donne le signal de la mort; les muets se baissent pour ouvrir les grilles mobiles qui retiennent les bêtes féroces.

Soudain la trompette sonne, le tambour bat, les Croisés conduits, par Renaud s'élancent de toutes parts, les muets sont poignardés, les troupes du renégat culbutées, le peuple Sarrasin fuit en désordre.

Saint-Amand prend par la main Aldina; il veut se sauver avec elle par le souterrain; il se trouve arrêté par les Arabes; il désarme, il tue leur chef; les autres l'entourent. Renaud et quelques templiers ont pénétré dans le cirque, et viennent porter secours à leur frère; ils repoussent les Arabes, ils les poursuivent dans le passage souterain; Saint-Amand disparaît, et Aldina, à moitié morte de frayeur, reste seule exposée à tous les dangers qui l'environnent.

Cependant la ville sainte a été surprise; on se bat avec acharnement dans les deux partis, les uns pour s'en emparer, les autres pour la défendre.

Hnmfrey, voyant ses Sarrasins ébranlés, et sa victime prête à lui échapper, se glisse dans le souterrain, parvient dans l'enceinte de la mort, ressaisit l'infortunée Géorgienne, et veut, dans son aveugle rage, lui plonger un poignard dans le cœur. Saint-Amand veille sur la nouvelle prosélite; il revient, il accourt, il pare le coup, et rougit son fer dans le sang du scélérat. Le renégat tombe; il se débat, il se relève, il s'agite, il menace.... Inutiles effort, l'heure de la vengeance a sonné.

Le roi de Jérusalem, accouru, avec un fort parti, pour reprendre la cité sainte et soutenir les braves chevaliers du temple, voit fuir, de toutes parts, les phalanges infidèles: il monte sur le trône, environné de ses pages et de ses officiers, et bientôt tous les ennemis de la croix, que le glaive n'a pas atteints, sont à ses pieds.

Le roi aperçoit le perfide Humfrey. Le rénégat a rassemblé tout ce qui lui reste de force pour chercher son salut dans la fuite : il cherche, mais en vain, à s'échapper du cirque. Le scélérat rencontre partout les lances de ceux qu'il a trahis si indignement.

Du haut de son trône, Conrad fait un signal; les chevaliers, postés sur les loges, lèvent les grilles; les animaux s'élancent et renversent Humfrey expirant.

Saint-Amand et Aldina n'on pas eu le temps de sortir du cirque : ils montent sur les ruines pour échapper aux animaux. les chevaliers s'arment pour les défendre, s'il est n'écessaire. Dans cette position, les deux victimes dévouées à la mort, voient leur féroce ennemi périssant du même supplice qu'il leur destinait. Bientôt on vient les secourir et les conduire au pied du trône.

La belle Géorgienne vient d'apprendre, par l'exemple de celui qu'elle aimait, comment un sentiment profane et tumultueux peut se changer en paisible et sainte amitié; et Saint-Amand trouve le dédommagement de ses sacrifices et la récompense de sa vertu, dans l'estime de ses frères, la reconnaissance de sa noble amie, la bienveillance de son roi, et la paix de sa conscience.

FIN.